📖 주제

· 놀이 · 즐거움 · 몰입 · 장래희망

📖 활용 학년 및 교과 연계

초등과정	1-1 통합	봄1 > 2. 도란도란 봄동산
		여름1 > 2. 여름나라
		가을1 > 2. 현규의 추석
	1-2 통합	2. 우리들의 겨울

초등 첫 인문철학왕
노는 게 제일 좋아!

초판 1쇄 발행 2023년 3월 30일

글쓴이 천희순 | **그린이** 이동현 | **해설** 김치헌
기획편집 이정희 | **편집** 김민애 박주원
디자인 문지현 김수인 | **생각 실험 디자인** 이유리

펴낸이 이경민 | **펴낸곳** ㈜동아엠앤비
출판등록 2014년 3월 28일(제25100-2014-000025호)
주소 (03972) 서울특별시 마포구 월드컵북로22길 21, 2층
전화 (편집) 02-392-6901 (마케팅) 02-392-6900 | **팩스** 02-392-6902
홈페이지 www.moongchibooks.com | **전자우편** damnb0401@naver.com | **SNS** f ⓘ blog

ISBN 979-11-6363-599-4(74100)

※ 잘못된 책은 구입한 곳에서 바꿔 드립니다.
※ 이 책에 실린 사진은 셔터스톡, 위키피디아, 게티이미지뱅크(코리아)에서 제공받았습니다. 그 밖의 제공처는 별도 표기했습니다.

도서출판 뭉치는 ㈜동아엠앤비의 어린이 출판 브랜드로, 아이들의 지식을 단단하게 만들어 주고, 아이들의 창의력과 사고력을 키워 주어 우리 자녀들이 융합형 사고뭉치와 창의뭉치로 성장할 수 있도록 좋은 책을 만들겠습니다.

'질문'의 힘! '생각'의 힘!
'미래 인재'로 가는 힘!

어린이와 학부모님들께 《초등 첫 인문철학왕》을 추천할 수 있어서 매우 기쁩니다. 어린이들이 이 시리즈를 통해 '나'에 대해, 나와 공동체 사이의 소통에 대해, 세상의 이치와 진리에 대해 마음껏 질문하고 생각하기를 바라기 때문입니다. 그렇게 되면 창의적으로 문제를 해결하는 힘 또한 커질 수 있다고 믿기 때문이지요.

'제4차 산업혁명의 시대'라는 말처럼 우리는 모든 것이 혁신적으로 변화하는 시대에 살고 있습니다. 스마트폰, 인공 지능, 첨단 로봇 등 새로운 기술과 지식이 나오는 속도도 이전과 비교할 수 없을 정도로 빨라졌지요. 세상에 넘쳐나는 지식과 정보는 이제 누구나 쉽게 구할 수 있고, 개인의 두뇌에 담아낼 수 있는 용량을 넘어선 지 오래입니다. 결국 이 시대의 아이들에게 필요한 것은 지식보다는 그 지식을 다루는 지혜와 창의성 아닐까요?

7차 교육과정 개정 이후 학교 교육도 이러한 시대 흐름에 맞추어 미래 사회가 요구하는 인문학적 상상력과 과학기술 창조력을 두루 갖춘 창의융합형 인재를 양성하는 것을 목표로 합니다.

'철학'은 '지혜를 사랑하는'이란 뜻을 가진 말입니다. 이 학문은 여러분처럼 모든 것에 호기심 많았던 철학자들로부터 시작됩니다. 아주 오래전부터 인간, 사회, 자연, 우주, 진리 등 다양한 분야에서 다른 사람들보다 더 깊이, 더 많이, 그리고 아주 끈질기게 했던 수많은 질문과 탐구를 하며 만들어졌습니다.

마치 높은 곳에 올라가면 마을 전체를 내려다볼 수 있는 넓은 시야를 얻게 되듯이, 철학을 한다는 것은 하나의 문제를 더 큰 눈으로 볼 수 있게 되는 것이랍니다. 그러면 어떤 점이 좋을까요? 더 넓게 보는 눈, 더 깊이 있게 보는 눈, 다른 사람들이 생각하지 못한 부분들을 상상하고 찾아낼 수 있는 눈이 생깁니다. 또 우리 앞의 문제들을 자신만의 창의적인 방법으로 해결할 수도 있고, 그 문제를 해결하다가 다른 더 큰 문제를 발견하여 미리 처리할 수도 있습니다.

《초등 첫 인문철학왕》은 바로 그러한 생각의 눈을 아주 활짝 열어 줄 것입니다. 주제와 관련된 재미있는 동화, 이와 연결된 깊이 있는 인문 해설과 철학 특강, 창의·탐구 활동 등으로 구성된 시리즈는 아이들이 세상에 넘쳐나는 지식을 지혜롭게 다루는 힘을 길러서, 문제해결력을 갖춘 창의적 인재로 성장할 수 있게 해 줄 것입니다.

그러니 이 책을 읽으며 여러 분야에서 떠오르는 호기심과 질문들을 혼자만 가지고 있지 말고 친구, 가족과도 나누어 보시길 바랍니다. 모두가 질문하고 생각하는 힘이 생긴다면, 어려운 문제들을 함께 해결해 나가는 공동체를 만들 수 있겠지요?

이 책을 읽는 여러분들 모두, 그런 멋진 공동체를 하나둘 만들어 나가는 지혜로운 미래 인재가 되기를 기대합니다.

이지애 드림
(이화여대 철학과 부교수, 한국 철학교육 학회 회장)

초등 첫 인문철학왕
이렇게 활용하세요!

생각 실험

생각 실험은 어떤 사실을 알기 위해 여러 가지 실험과 사례를 연구하는 것이에요. 철학이나 자연 과학 분야 등에서 널리 사용되는 방법이에요. 권마다 주제에 관련된 실험, 유명한 인물의 사례 등을 읽으며 상상력과 문제 해결력을 키워 보세요.

만화 & 동화

인문 철학 주제별로 아이들의 생활 세계 속 이야기, 패러디 동화 등이 다양하게 펼쳐져요. 처음과 중간은 만화, 본문은 그림 동화로 되어 있어서, 재미난 이야기에 푹 빠질 수 있어요.

인문철학왕되기

오랫동안 어린이들과 함께 철학 수업을 연구하고 진행해 온 한국 철학교육연구원 소속 교수와 연구진들이 집필했어요.

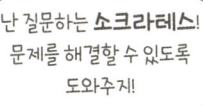

소쌤의 철학 특강, 인문 특강, 창의 특강으로 구성되었어요. 주제와 이야기 안에 숨겨진 철학적 문제들에 대해 함께 답을 찾아갈 수 있도록 깊이 있는 토론과 특강, 그리고 재미있는 활동으로 구성되었어요.

난 질문하는 **소크라테스!** 문제를 해결할 수 있도록 도와주지!

난 **뭉치**. 같이 생각하고 토론하지!

난 늘 창의적인 **새롬**이!

난 생각이 깊은 **지혜**!

교과 연계

각 권마다 최신 개정 교과서 단원과 연계되어 교과 학습에 도움이 되도록 구성되었어요. 권별로 확인하세요.

이 책의 차례

추천사 ·· 4

구성과 활용 ·· 6

생각 실험 일부러 위험한
놀이터를 만든다고? ···································· 10

만화 시찬이의 생일 파티 ································ 20

노는 게 제일 좋아! ································ 22
- 인문철학왕되기1 놀이란 무엇일까?
- 소쌤의 인문 특강 논다는 것의 진짜 의미

놀이로 행복한 학교 ···························· 40
- 인문철학왕되기2 놀면서 꿈을 이룰 수 있을까?
- 소쌤의 인문 특강 놀면서 꿈을 이룬 사람들

| 만화 | 맨날 놀기만 하면 얼마나 좋을까? | 64 |

생각하며 노는 건 어때? 72

- 인문철학왕되기3 자유로운 생각이 즐거운 놀이가 될까?
- 소쌤의 철학 특강 놀이하는 인간, 호모 루덴스

잘 노는 게 공부라고? 96

- 인문철학왕되기4 만일 나라면?
- 놀이활동 전통 놀이 알아보기

생각 실험

일부러 위험한 놀이터를 만든다고?

놀이터는 말 그대로 우리가 마음껏 즐겁게
뛰어놀 수 있는 장소예요.
그런데 놀이터에 대한 여러분의 기억은 어떤가요?
정말 즐겁고 신나게 뛰어놀았나요?
아니면 그네나 시소, 미끄럼틀을
한두 번 타 본 다음 재미가 없어지고 말았나요?

일반적으로 어른들은 아이들의 안전을
우선으로 하기 때문에 위험하지 않은
놀이 기구를 설치해 놓지요.

하지만 **안전한 놀이 기구를
아이들은 그다지 좋아하지 않았다**고 해요.

오랫동안 아이들을 위한 놀이터를
직접 만들고 있는 독일의 디자이너 귄터 벨치히는
왜 놀이터가 아이들에게 재미없는 곳이 되었을까 고민했어요.
자기 집 주변에서 별다른 놀이 기구도 없이 잘 노는
아이들을 관찰하던 벨치히는 문득 깨닫게 되었지요.

❝ **놀이터가 재미없는 이유는
위험하지 않기 때문이야!** ❞

벨치히는 규칙과 안전을 위해 만들어진
놀이터에서는 아이들이 재미를 느낄 수 없다는 것을 알았어요.

"그렇다면 위험한 놀이터를 만들면 어떨까?
넘어지거나 떨어져 다치거나 멍들 수도 있고,
정해진 규칙이 없어 아이들이 규칙을 만들며
놀 수 있다면 좋아하지 않을까?"

하지만 위험한 놀이터가 아이들에게
좋은 곳인지에 대한 생각은 사람마다 다를 수 있어요.
여러분은 위험한 놀이터가 불안해 보이나요,
아니면 재밌어 보이나요?

노는 게 제일 좋아!

시찬이는 학교에서 돌아오자마자 거실에 있는 컴퓨터를 켰다. 시찬이가 요즘 빠져 있는 게임은 '원더 드라이빙'이다. 운전하면서 아이템과 상금을 얻는 게임인데, 게임 머니로 자동차를 꾸미거나 더 좋은 차로 바꿀 수도 있다. 물론 게임 속에서만 가능하지만 말이다.

"이번에 상금 받으면 신상 스포츠카로 바꿔야지."

고개 하나만 넘으면 마지막 단계인 플레이 왕국으로 가는 길이 나온다. 플레이 왕국에 무사히 도착하면 우승 상금을 획득할 수 있다.

긴 사막도 순식간에 통과할 수 있는 멋진 스포츠카를 떠올리자 시찬이는 기분이 좋아졌다. 진짜 가질 수 없는, 게임 속 스포츠카지만 상상만으로도 즐거웠다. 그래서 시찬이는 게임하는 시간이 좋다. 게임 속에서는 시찬이가 좋아하는 것을 맘대로 할 수 있고, 잘못을 해도 혼나지 않고, 실패를 해도 언제든 다시 할 수 있기 때문이다. 하지만 문제가 있다.

"시찬아, 약속한 시간 다 지난 것 같은데?"

엄마가 시찬이 어깨에 손을 올렸다. 게임하는 시간은 눈 깜짝할 사이에 지나간다는 게 문제였다.

"벌써?"

시계를 보니 게임을 시작한 지 한 시간이 훌쩍 넘어 있었다.

'놀 때는 시간이 천천히 흐르면 좋을 텐데.'

시찬이는 아쉬운 마음에 발을 동동 굴렀다.

"딱 5분만. 저 고개만 넘으면 된다고."

"네가 정한 시간이니까 네가 알아서 해."

엄마 말이 틀린 것은 아니지만 시찬이는 좀 억울했다.

'내가 정한 게 아니라 엄마가 원했던 거면서.'

시찬이는 며칠 전부터 하루 한 시간만 게임을 하기로 엄마와 약속했다.

그날은 수리를 맡긴 컴퓨터가 집에 도착하던 날이었다. 컴퓨터가 고장 난 이유는 바이러스 때문이었다. 하필이면 시찬이가 게임을 하고 있을 때 컴퓨터가 멈춰 버렸다. 마치 게임 때문에 고장이 난 것처럼.

아빠는 바이러스를 치료할 수는 있지만 저장되었던 파일이 많이 없어질 거라고 했다. 대부분은 엄마의 파일이었다. 엄마는 도서관에서 '그림책 읽어 주는 엄마'라는 동아리를 만들어 봉사를 하면서 필요한 자료들을 모아 컴퓨터에 저장하곤 했다. 엄마가 동아리 회장을 맡고 있어 컴퓨터에는 중요한 파일이 많았다.

아빠는 회사 컴퓨터를 사용하기 때문에 집에 파일을 저장하는 일이 없었고, 시찬이도 게임만 했지 파일을 만들지는 않았다. 동생 다은이는 컴퓨터보다 텔레비전 보는 걸 더 좋아했고, 파일이 뭔지도 몰랐다.

컴퓨터 고장으로 가장 불편했던 사람은 엄마와 시찬이었다. 엄마는 사라져 버린 파일 때문에 속상해했지만 시찬이 탓으로 돌리지는 않았다. 시찬이는 다행이라고 여기면서 하루라도 빨리 다시 게임을 할 수 있기를 바랐다.

아빠가 컴퓨터를 들고 거실로 들어오는 것을 본 시찬이는 컴퓨터 책상 앞에 서둘러 앉았다. 밀린 게임을 하고 싶어 몸이 근질근질했다.

그때였다.

"잠시 비상 회의가 있겠습니다."

엄마의 선언에 시찬이는 불안했다. '비상 회의'는 좋은 일보다는 나쁜 일로 열릴 때가 더 많았기 때문이다.

"여러분! 그동안 우리가 컴퓨터를 참 많이 사용했지요?"

엄마는 '우리'라고 했지만 컴퓨터를 제일 많이 사용하는 사람은 시찬이었다. 시찬이는 불길한 예감이 들었다.

"컴퓨터가 쉬지 않고 계속 일을 하다 보니 힘들었나 봐. 사람으로 말하자면 너무 피곤해서 병이 난 거야."

아빠가 툭툭 컴퓨터를 가볍게 쳤다.

"그래서 병원 갔다 온 거잖아."

시찬이는 자기 팔에 주사 놓는 척을 했다.

"컴퓨터가 사람처럼 주사를 맞았다고? 그럼 이제 완전히 다 나은 거야?"

다은이가 조심스럽게 컴퓨터를 쓰다듬었다.

"무리를 하면 또 아플 수도 있어. 그러니까 컴퓨터도 쉴 시간을 좀 주는 게 어때?"

시찬이는 컴퓨터를 쉬게 해 주라는 엄마 말이 너무 무서웠다.

"컴퓨터를 쓰지 말라는 거야, 엄마?"

엄마가 손사래를 쳤다.

"덜 사용하자는 거야. 네가 게임하는 동안 컴퓨터는 일을 하는 거잖아. 그러니까 엄마 말은 사용 시간을 정해서……."

시찬이는 단짝 규훈이가 투덜대던 게 떠올랐다. 엄마가 게임할 수 있는 시간을 정해서 화가 난다고. 그래서 계속 엄마랑 싸우게 된다고 했다. 그때 시찬이는 맘대로 게임도 못 하는 규훈이가 불쌍해서 토닥여 주었다.

"아빠는 게임하는 거 괜찮다고 했잖아. 즐겁게 노는 건 좋은 거라고!"

시찬이가 아빠에게 도와 달라는 신호를 보냈다.

"그렇지. 시찬이가 좋으면 아빠도 좋지. 그런데……."

아빠는 슬쩍 엄마의 얼굴을 살폈다.

"엄마 말은 계획을 세워서 놀라는 말이야. 그렇지, 여보?"

엄마는 강요가 아니라, 시찬이가 스스로 약속을 정하고 그것을 지킬 수 있기를 바랐다. 그래서 의견을 물어보고 시찬이가 계획하는 대로 따라 주고 싶었다.

하지만 시찬이 생각은 달랐다. 시찬이에게 의견을 물어보기는 하지만 엄마가 원하는 대답은 따로 있다는 생각이 들었다. 결국 엄마가 하자는 대로 결정될 게 뻔했다.

"나도 다 계획이 있다고!"

일단 큰소리를 쳤지만 시찬이도 자신이 어떤 계획을 세워야 하는지 알 수가 없었다. 게임을 시작할 때는 분명 계획이 있었다. 적당히 하고 숙제해야지 하고 다짐했지만 그게 잘 안 됐다. 엄마가 도서관에 봉사하러 가면 그때마다 게임을 더 많이 했다. 조금만, 조금만 하다 보면 금방 서너 시간이 지나갔다. 게임에 빠져 숙제를 안 해 간 날도 있었다.

"컴퓨터를 없앨까도 생각했어."

컴퓨터 없는 세상이라니. 시찬이는 믿을 수가 없었다.

"그럼 엄만 어쩌려고? 엄마도 컴퓨터 쓰잖아."

"엄마는 도서관 컴퓨터 쓰면 돼. 그래도 넌 필요할 것 같아서 기회를 주고 싶었는데……."

아빠가 황급히 엄마의 말을 막았다.

"이 기회에 컴퓨터 하는 시간을 줄이고 대신 밖에 나가서 뛰어노는 건 어때?"

"방에서 게임만 하는 것보다는 좋지. 그런데 이제는 시찬이도 학원 다니면서 공부를 좀 해야 할 것 같은데."

엄마도 시찬이가 억지로 학원에 다니는 걸 원하지 않았다. 유치원 시절 시찬이는 놀이를 하면서 한글을 배웠고, 혼자 책 읽는 것

도 좋아했다.

　언젠가는 스스로 공부를 하겠지 하는 기대를 하며 엄마는 계속 기다렸다. 하지만 알아서 잘하길 바라는 엄마의 마음과 달리 시찬이는 시간만 나면 게임을 하거나 아이들과 놀기에 바빴다.

　초등학교에 입학하면서부터 태권도, 피아노 그리고 영어, 수학, 논술 학원을 다니는 아이들이 많아지자 엄마도 생각이 많아졌다.

이러다가 시찬이가 아예 공부와 멀어지면 어쩌나 걱정이 됐다.

"시찬이가 부족하다고 느끼는 과목이 있으면 학원에 보내 주는 것도 좋은 방법인 것 같아."

엄마가 아빠에게 학원 이야기를 꺼내자 시찬이는 맘이 급해졌다.

"난 아직 그런 과목 없어. 그럼 컴퓨터는 하루에 딱 두 시간만 할게!"

엄마는 대답하지 않았다.

"그럼 한 시간 반……."

시찬이가 슬쩍 엄마 눈치를 봤다. 엄마가 갑자기 일어나더니 시찬이 책꽂이에서 책을 뒤지기 시작했다.

"아, 아니 한 시간!"

엄마는 바삐 움직이던 손을 멈췄다.

"좋아. 한 시간. 분명 네가 정한 거다?"

시찬이는 어쩔 수 없이 고개를 끄덕였다. 왠지 속은 느낌이었다. 하루에 겨우 게임 한 시간이라니.

시찬이의 불만 가득한 모습을 본 엄마가 한발 물러났다.

"한 시간이 너무 적다 이거지? 그럼 보너스 찬스를 주지!"

시찬이는 귀를 의심했다.

"학교 다녀와서 숙제부터 먼저 끝내면 게임을 추가로 한 시간 더 할 수 있게 해 줄게. 어때?"

나쁘지 않은 제안이었다. 엄마에게 뺏긴 용돈을 다시 찾은 것처럼 시찬이는 기분이 조금 풀렸다.

"오빠, 빨리 그런다고 해."

다은이는 자기 일처럼 손뼉을 치며 좋아했다.

시찬이도 처음엔 엄마가 준 보너스 찬스에 감격했다. 하지만 얼마 지나지 않아 그게 그냥 주는 보너스가 아니라는 것을 알게 됐다. 집에 오자마자 숙제부터 하는 게 마음먹은 것처럼 쉽지 않았다. 시찬이는 게임부터 하고 싶은 마음을 참지 못할 때가 많았다. 그래서 보너스 기회도 날려 버리기 일쑤였다.

'줄 거면 그냥 주지. 엄마는 날 괴롭히려고만 해. 빨리 어른이 돼서 내 맘대로 하고 싶어.'

그때 문득 외삼촌이 떠올랐다.

'아, 외삼촌은 얼마나 행복할까?'

외삼촌은 얼마 전까지 우리나라 사람이면 다 알 만한 큰 회사에 다녔다. 그래서 할머니와 엄마는 항상 외삼촌을 자랑스러워했다. 그런데 지금은 회사를 그만두고 할머니와 함께 살면서 하루 종일 컴퓨터 앞에 앉아 있었다. 뿐만 아니라 자고 싶을 때 자고, 일어나고 싶을 때 일어나고, 먹고 싶을 때 먹었다. 그래도 잔소리를 하는 사람이 아무도 없었다. 시찬이는 그런 외삼촌이 너무 부러웠다.

놀이란 무엇일까?

놀이는 그냥 재밌는 것,
전부를 가리키는 말 아닌가요?

엄마도 시찬이가 게임하며 노는 것을 막지는 않지만 걱정을 하는 것 같구나. 왜 그러실까?

시찬이가 컴퓨터 게임만 너무 많이 하기 때문이에요. 다른 놀이도 많고 해야 할 일도 많은데, 컴퓨터 게임만 하잖아요.

좋아하는 놀이를 하는 게 뭐가 문제야?

게임을 하다 보니 숙제도 미루게 되고, 엄마가 집에 없으면 게임을 더 많이 하잖아. 엄마가 하루에 한 시간만 게임을 하도록 허락한 것도 시찬이를 위해서야.

어서 어른이 되어서 게임을 마음껏 하고 싶다는 시찬이 마음을 난 알 것 같아.

아빠는 밖에 나가 뛰어놀라 하시고, 엄마는 놀기보다 공부가 먼저라 하시고. 선생님, 내가 좋아하는 놀이만 신나게 하면 안 되는 걸까요?

신나게 노는 것은 좋지. 하지만 시찬이 엄마의 걱정도 어쩌면 당연한 것 같구나. 놀이든 공부든 무엇을 할 때는 계획이 필요할 때도 많거든.

소쌤의 인문 특강

논다는 것의 진짜 의미

놀이는 단순히 재미있게 시간을 보내는 활동이 아니라 몸과 마음이 자라는 데 꼭 필요한 활동이란다. 어떤 사람들은 놀이가 사람의 고유하고 놀라운 능력이라고 말하기도 하지.

생각하고, 말하고, 착하게 행동하는 것만큼 노는 것도 중요한 능력이라는 말이야.

강아지와 고양이 새끼들도 잘 놀지만 사람에게 놀이는 훨씬 중요하단다. 놀면서 우리는 생각을 펼치고, 이야기를 나누고, 몸을 튼튼하게 만들고, 규칙을 배우고, 다른 사람과 힘을 모으고 때론 다투면서 자라기 때문이야. 노는 게 제일 좋다고 생각한다면 건강하게 잘 자라고 있다는 뜻이라고 할 수 있단다.

놀이를 하면 뇌에서는 우리를 즐겁게 만드는 물질을 만들어 낸다고 해.

이 물질이 많아질수록 즐거워지기 때문에 우리는 더욱 놀이에 집중하게 되지. 종종 우리는 이 물질을 지나치게 많이 원할 수도 있어. 맛있는 음식을 계속 먹고 싶어 하는 것처럼 말이지. 재미있는 놀이에 빠져 해야 할 일을 잊어버리거나 시간을 많이 보낸 경험이 있다면 이 물질이 주는 즐거움 때문이었던 거란다.

이제부터 잘 놀아야지.

놀이로 행복한 학교

"장래 희망에 대해 누가 먼저 얘기해 볼까요?"

아이들은 제일 먼저 발표하는 것을 망설였다. 그런데 수빈이만 큼은 사람들 앞에서 말하는 것을 좋아했다. 그럴 때마다 수빈이는 어른들에게 칭찬을 많이 받았지만 또래 친구들은 잘난 척한다는 소리를 하기도 했다.

오늘 역시 아무도 손을 들지 않았다. 어쩔 수 없이 수빈이가 나섰다.

"제 장래 희망은 의사입니다."

반 아이들이 '와!' 하며 부러워했다. 그러자 수빈이는 조금 쑥스러워했다.

"의사는 뭐 아무나 되냐?"

시찬이가 규훈이 귀에 대고 속삭였다. 시찬이는 요즘 수빈이가 거슬린다. 엄마 때문이다. 엄마는 요즘 들어 시찬이와 수빈이를 자주 비교했다.

시찬이와 수빈이는 같은 유치원에 다녔다. 시찬이 엄마와 수빈이 엄마가 같은 대학을 나왔다는 걸 알게 되면서 두 엄마는 금방 친해졌다. 그때부터 시찬이와 수빈이는 문화 센터도 같이 다니고 도서관 수업도 같이 들으며 친해졌다.

하지만 초등학교에 입학하고 새 친구들이 생기면서 둘은 자연스럽게 멀어졌다. 그 후에도 시찬이는 여전히 노는 것을 좋아하는데 수빈이는 수학 문제를 척척 풀어 내고 영어도 제법 하니, 엄마가 수빈이와 비교하기 시작한 것이다.

"수빈이는 진짜 의사가 될 수 있을 것 같은데?"

규훈이가 지우개를 만지작거리며 말했다.

"뭐? 너 진짜 그렇게 생각해?"

"그냥 장래 희망이잖아, 희망!"

시찬이는 의사가 장래 희망이라고 자신 있게 말하는 수빈이가 부럽기도 했다.

"넌 뭐가 되고 싶은데?"

규훈이는 아빠가 운영하는 돼지갈비 식당을 물려받을 계획이란다. 그래서 자신은 공부를 열심히 하지 않아도 언젠가는 사장님이 될 거라며 좋아했다.

"너희 갈빗집이 망할 수도 있잖아."

"야! 우리 돼지갈비 정말 맛있어!"

규훈이는 자기가 벌써 사장님이 된 것처럼 말했다. 시찬이는 사장님 아빠가 있는 규훈이가 부러웠다.

'우리 아빠도 사장님이면 좋을 텐데.'

시찬이 아빠는 무역 회사에서 과장으로 일하고 있다. 직원이 20명이나 있다고 자랑했지만 사장님은 아니었다.

"그래서 저는 많은 사람들의 병을 고치고 생명을 살리는 의사가 되고 싶습니다."

선생님은 수빈이가 말할 때마다 연신 고개를 끄덕였다. 시찬이는 이 시간이 빨리 끝나기를 바랐다.

"의사가 되기 위해 어려운 일들이 많겠지만 그래도 열심히 노력해서 꿈을 이루겠습니다."

수빈이의 말이 끝나자 선생님뿐만 아니라 반 아이들이 모두 박수를 쳤지만 시찬이는 치지 않았다. 왠지 오늘도 수빈이가 잘난 척하는 것 같았기 때문이다.

"자, 그럼 이번에는 누가 또 발표해 볼까?"

이번에는 희경이가 손을 들었다. 희경이는 수빈이의 단짝이다.

'희경이는 또 뭐라고 할까?'

시찬이는 세모눈을 뜨고 지켜보았다.

"저는 조련사가 되고 싶어요."

희경이는 지금 키우는 강아지 퐁키를 잘 훈련시키고 싶었다. 주인의 말을 척척 알아듣는 똑똑한 강아지의 주인이 되는 것을 꿈꾼다고 했다.

'둘이서 친하게 지내더니 말투까지 비슷하네.'

시찬이는 수빈이와 희경이의 발표에 대해서 흠을 잡고 싶었지만 그럴 만한 점이 없었다.

"자, 그럼 다음은?"

희경이 발표가 끝나자 다른 친구들도 손을 들기 시작했다.

달리기를 잘하는 준우는 프로 게이머가 되고 싶다고 했고, 영어를 잘하는 민기는 제빵사, 키가 큰 현수는 범인을 잡는 형사가 되고 싶다고 했다. 크리에이터, 수의사, 작가가 되고 싶다는 아이들도 있었다. 그리고 돼지갈비 식당 사장님이 되겠다는 규훈이는 갑자기 건물주가 되고 싶다고 해서 아이들이 크게 웃었다.

'다들 되고 싶은 게 정말 많구나.'

시찬이는 친구들이 직업에 대해 많이 알고 있는 것에 놀랐다. 그때 수빈이가 뒤돌아 반 아이들을 둘러보았다. 그러다 시찬이와 눈이 딱 마주쳤다. 시찬이는 '메롱' 하고 혀를 내밀었다. 그런데 그 모습을 선생님이 보고 말았다.

"이번에는 시찬이가 발표해 볼까요?"

시찬이는 장래 희망이 아직은 없었다. 시찬이가 머뭇거리자 선생님이 다가왔다.

"잘하는 것이 아니어도 좋아. 그냥 네가 좋아해서 계속하고 싶은 일을 생각해 봐."

시찬이는 고민했다.

'난 그냥 노는 게 좋은데. 외삼촌처럼 놀면서 편하게 살고 싶다고 말하면 안 되겠지? 그럼 꿈이 없다고 날 한심하게 보실 거야.'

시찬이가 우물쭈물하자 규훈이가 작은 소리로 말했다.

"야, 그냥 축구 선수라고 해. 너 축구 좋아하잖아."

물론 시찬이는 축구를 좋아했다. 하지만 축구 선수가 되고 싶을 정도는 아니었다. 그래도 지금은 뭐든 말해야 했다. 선생님이 바로 앞에 서서 대답을 기다리고 있었으니까.

"축구 선수요!"

"그렇구나. 왜?"

"네?"

대답을 하면 끝날 줄 알았는데 선생님이 다시 질문을 하니 또 대답을 찾아야 했다.

"음…… 그냥요."

시찬이는 더는 선생님이 질문을 하지 않길 바랐다.

"우리 시찬이는 축구 선수가 되는 게 꿈이군요. 꿈을 이루기 위해서는 열심히 축구를 해야겠지요?"

열심히 하라는 말을 듣자 시찬이는 기운이 빠졌다. 열심히 해야 한다는 것은 쉽지 않다는 말이랑 똑같다. 역시 세상에 쉬운 건 하나도 없다.

'축구를 신나게 할 수는 있는데 열심히 하는 건 좀 힘들 것 같은데……. 그러면 축구도 공부 같잖아.'

시찬이는 축구까지 공부처럼 해야 한다고 생각하자 한숨이 나왔다. 하지만 선생님께는 알겠다고 대답했다. 열심히 할 수 없다고 솔직히 말하면 선생님은 또 질문을 할 게 뻔하니까.

쉬는 시간에 시찬이와 규훈이는 복도에서 벽 치고 오기 게임을 했다. 시찬이와 규훈이는 학교 복도에서 뛰면 혼나니까 최대한 빠른 걸음으로 움직이는 게임을 만들었다. 별다른 규칙은 없지만 하다 보면 어느새 아이들이 모여들어 함께하게 됐다.

쉬는 시간이 끝나자 아이들은 수업을 듣기 위해 도서관으로 향했다.

"자, 이번 시간에는 도서관에서 수업을 할 거예요."

시찬이가 학교 도서관에 간 것은 이번이 처음이었다. 시찬이에게 도서관은 답답한 곳이었다. 나무로 된 책꽂이가 빽빽이 들어찬 도서관은 숨이 막힐 것 같았다. 신나게 뛰어놀지도 못하고, 큰 소리로 떠들 수도 없는 도서관을 시찬이가 일부러 가는 일은 없었다. 엄마와 함께라면 몰라도.

 그림책 읽어 주는 엄마

    엄마가 '그림책 읽어 주는 엄마'라는 동아리 봉사 활동을 하게 된 것은 시찬이 때문이었다. 학교에 입학하기 전 시찬이는 도서관에 가는 것을 좋아했다. 도서관에는 유아들을 위한 놀이 프로그램이 많았다. 시찬이는 도서관에서 책으로 탑 쌓기 놀이도 하고, 책을 장난감 삼아 놀기도 했다. 그때는 엄마가 자주 책을 읽어 주었다.

그럴 때면 시찬이는 엄마가 자신을 아끼고 사랑해 주는 것 같아 행복했다.

엄마도 책 읽어 주는 시간이 좋았다. 두 아이를 키우느라 직장을 그만둘 수밖에 없었지만 그림책을 읽어 주면서 세상에 재미있는 책이 무수히 많다는 것을 알게 되었다. 그래서 '그림책 읽어 주는 엄마' 동아리를 만들어 시찬이와 다은이 그리고 도서관에 찾아온 아이들에게 책을 읽어 주기 시작했다. 책을 많이 읽는 엄마를 보면 시찬이도 좋은 영향을 받을 거라는 기대도 있었다.

엄마의 예상과는 달리 초등학생이 된 시찬이는 책을 지겨워했다. 그럴수록 엄마는 책 내용이 어떤지, 느낌이 어떤지 시찬이에게 물었다. 엄마는 느낀 대로 말하라고 했지만 원하는 대답을 하지 않으면 계속 질문을 했다. 하루이틀 그런 날이 쌓이면서 시찬이에게 책 읽기는 복잡하고 재미없는 일이 되어 버렸다.

"오늘은 도서관 이용하는 법을 익힐 거예요."

선생님은 원하는 책을 검색하고 번호로 책 찾는 법을 알려 줬다. 시찬이는 다 알고 있는 것이었기 때문에 귀 기울여 듣지 않았다.

'빨리 하고 규훈이랑 놀아야지.'

놀 생각을 하니 시찬이는 마음이 급해졌다.

"그리고…… 오늘은 미션이 있어요."

'미션'이라는 말에 시찬이는 궁금해졌다. '미션'이란 놀이할 때 자주 나오는 말이기 때문이다. 하지만 곧 실망하고 말았다.

"책 찾는 미션이라고?"

"그럼 도서관에서 '달리는 사람' 게임이라도 할 줄 알았냐?"

준우가 달리는 자세를 취하며 웃었다. 선생님은 도서관 이용을 놀이처럼 재미있게 했으면 하는 바람에서 미션을 만들었다. 하지만 시찬이와 규훈이는 그것조차 공부처럼 느껴졌다.

선생님의 미션은 제목에 가, 나, 다, 행복, 기쁨이란 글자가 들어간 책을 찾는 것이었다. 책을 찾아 읽은 후 내용을 얘기할 수 있으면 미션 성공. 미션을 성공하면 막대 사탕 하나를 선물로 준다고 했다.

선생님은 반 아이들이 게임을 하듯 도서관 이용 수칙을 익힐 수 있을 거라고 확신했다.

"와, 재미있을 것 같아요!"

수빈이는 양손을 흔들며 환호했다.

"자, 그럼 시작해 볼까요?"

선생님 말씀이 끝나자마자 수빈이는 희경이와 함께 검색대로 갔다.

"결국에는 책 읽으라는 거잖아."

시찬이가 툴툴거리자 규훈이가 어깨를 툭 쳤다.

"빨리 찾고 놀자."

시찬이는 일단 그림책에서 찾아보기로 했다.

그림책이 있는 책장으로 간 시찬이와 규훈이는 아무 책이나 꺼내기 시작했다.

"'나'로 시작하는 책이 많을 것 같은데. '나는 뭐뭐 한다' 이런 책 말이야."

하지만 시찬이는 생각처럼 '나'로 시작하는 그림책을 쉽게 찾을 수가 없었다. 그래서 다음 책장으로 넘어갔다. 책을 꺼냈다 다시 넣었다 하다가 책 몇 권이 바닥에 떨어졌다.

그때였다.

"찾았다.『나는 선생님이랑 친구 한다!』"

규훈이가 소리치자 주변에 있던 아이들이 쳐다보며 수군거렸다. 그때 희경이가 작은 목소리로 말했다.

"도서관에서 큰 소리로 떠들면 안 되는 거 몰라?"

희경이와 수빈이 손에는 벌써 책 한 권이 들려 있었다.

"우리도 안다고!"

시찬이가 주먹을 쥐어 보이자 희경이는 어이없어했다.

규훈이가 시찬이 어깨를 툭 쳤다.

"어서 책이나 꽂아."

규훈이가 바닥에 떨어진 책을 가리켰다. 시찬이가 떨어진 책을 집어 들자 규훈이가 눈을 동그랗게 떴다.

"왜 그래?"

규훈이가 책 표지를 가리켰다. 시찬이는 책을 들어 표지를 살펴봤다.

"『놀이로 행복한 교실?』 놀면서 수업하는 반이 있단 거야?"

"그런 학교가 어딨어? 그게 아니고…….

시찬이는 잠깐이지만 학교에서 놀이로 수업을 한다면 학생들 모두 행복하겠다고 생각했다.

"그럼 왜 놀란 거야?"

"행복이라잖아. 미션 단어 '행복'!"

시찬이는 그제야 표지에 적힌 행복이라는 단어가 눈에 들어왔다. 그걸 몰랐다니!

"정말 그렇네. 나도 책을 찾았어!"

시찬이와 규훈이는 선생님이 낸 미션 1단계를 통과했다. 둘은 너무 기뻐 소리를 지를 뻔했다.

"근데 이제 책을 읽어야 하잖아?"

시찬이의 표정이 어두워졌다.

"우리 나가서 보자. 꼭 도서관에서 보라고 하시지는 않았잖아."

규훈이의 말에 둘은 누가 먼저랄 것 없이 도서관 입구를 향해 뛰기 시작했다.

먼저 뛰어간 규훈이가 도서관 문을 여는 순간, 갑자기 멈춰 섰다. 문 앞에 교장 선생님이 서 계셨던 것이다.

"몇 반인데 도서관에서 시끄럽게 뛰어다니는 거지요?"

담임 선생님이 교장 선생님의 목소리를 듣고 뛰어나왔다.

"아…… 네, 교장 선생님! 제가 주의를 주도록 하겠습니다."

담임 선생님은 교장 선생님 앞에서 어쩔 줄 몰라 했다.

"이곳은 많은 사람들이 사용하는 도서관이에요. 여러분이 이렇게 뛰어다니고 떠들면 책을 읽는 친구들에게 피해를 주게 됩니다. 그래선 안 되겠지요?"

교장 선생님은 시찬이와 규훈이의 대답을 듣기 위해 귀를 기울였다.

"네. 다음부터는 안 그럴게요."

시찬이와 규훈이가 다짐을 하자 교장 선생님은 담임 선생님을 향해 돌아섰다.

"선생님께서 도서관 이용 수업을 하신다고 해서 궁금해서 왔는데……."

그때 시찬이와 규훈이는 얼른 복도로 도망쳤다.

"역시 도서관은 나랑 안 맞아."

규훈이가 숨을 고르며 말했다.

"맞아. 어차피 우리는 책을 읽을 것도 아니었잖아."

"막대 사탕은 우리 아빠한테 사 달라고 하자."

시찬이와 규훈이는 서로를 보며 크게 웃었다.

시찬이는 생각했다.

'도서관에서도 신나게 뛰어놀 수 있다면 자주 올 텐데.'

놀면서 꿈을 이룰 수 있을까?

즐겁게 놀면서 자기 꿈을
이룬 사람이 있나요?
저도 그렇게 재미있게
놀면서 꿈을 이루고 싶어요.

친구들이 멋진 장래 희망을 가지고 있구나. 그런데 시찬이만 장래 희망이 없네?

아니에요. 시찬이는 선생님께 축구 선수가 되고 싶다고 말씀드렸어요.

그야 선생님이 장래 희망을 물어보시니까 얼떨결에 대답한 것일 뿐이야.

시찬이는 축구 선수가 되려면 열심히 축구를 해야 한다는 선생님의 말씀을 듣고는 축구도 공부처럼 해야 한다고 생각하며 실망하잖아. 축구 선수는 시찬이의 장래 희망이 아닌 것 같아.

누구나 장래 희망을 이루기 위해서는 놀지 말고 열심히 공부하고 노력해야 하는 거야. 놀기만 하면 희망을 이루기 힘들지.

아, 정말 시찬이는 힘들겠다. 축구를 좋아하니까 재미있게 축구를 하면서 축구 선수가 될 수는 없는 거야?

소쌤의 인문 특강

놀면서 꿈을 이룬 사람들

"저는 수학을 잘하고 책도 많이 읽었지만 컴퓨터를 가지고 노는 것이 제일 즐거웠습니다. 컴퓨터 프로그램을 사용하여 새로운 것을 시도하며 큰 기쁨을 느꼈지요. 고등학생 때는 친구와 함께 학교 컴퓨터를 해킹하여 크게 혼나기도 했지만 저에겐 즐거운 놀이였지요. 이런 경험이 없었다면 제가 윈도우(Windows) 프로그램 등을 개발하는 꿈을 이루기 힘들었을 겁니다."

빌 게이츠(1955~)
마이크로소프트 창업자.
하버드 대학교 수학과 중퇴.
현재 마이크로소프트 기술 고문.

 두 사람 모두 즐겁게 노는 것뿐만 아니라 계속 새로운 무엇인가를 시도하고 노력한 덕분에 꿈을 이룰 수 있었단다.

"어린 시절 저는 책도 잘 읽지 못하고 말도 제대로 못 해 친구들로부터 놀림을 받곤 했습니다. 그때 저를 위로해 준 것이 영화였습니다. 집에 있던 비디오카메라로 가족 소풍을 직접 촬영하고 본 후로 영화는 가장 즐거운 놀이가 되었습니다. 10대 때 여러 단편 영화를 만든 즐거운 경험은 이후 제가 만든 모든 영화의 출발이었습니다."

스티븐 스필버그 (1946~)

영화감독. 12세 무렵 장난감을 이용해 첫 홈 영화를 제작한 후 꾸준히 8mm 영화를 제작. 16세 무렵 공상 과학 첫 독립 영화로 연출 및 각본가로 데뷔.

생각하며 노는 건 어때?

"노는 학원이라고? 진짜?"

시찬이는 한 건물 입구에서 엄마에게 물었다.

"학원이 아니라 연구소라니까! 여기 봐. 예술 놀이 연구소!"

엄마가 간판을 가리켰다.

"연구소? 연구소라면 공부하는 곳이잖아?"

시찬이는 엄마를 의심스러운 눈으로 쳐다봤다.

"연구는 선생님들이 하시는 거고, 넌 그냥 여기서 놀면 돼. 대신 선생님 말씀 잘 들어야 해."

엄마는 컴퓨터 게임에 빠져 있는 시찬이를 그냥 두고만 볼 수가 없었다. 그래서 놀이로 생각을 키울 수 있다는 이곳을 찾았다.

예술 놀이 연구소에 들어선 시찬이는 깜짝 놀랐다. 그곳에 규훈이가 있었기 때문이다.

"너도 여기 다녀?"

"너희 엄마가 같이 다니자고 했대."

규훈이는 기분이 좋아 몸을 흔들어 댔다. 규훈이 엄마는 시찬이 엄마가 '그림책 읽어 주는 엄마'의 회장이라는 걸 안 다음부터 엄마 말이라면 무조건 찬성이었다.

"그런데 도대체 이 학원 정체가 뭐야?"

규훈이가 시찬이에게 귓속말을 했다.

"학원이 아니라 연구소야. 우린 그냥 놀면 되는 거랬어."

선생님 말씀을 잘 들으라고 했던 엄마의 말을 규훈이에게 전하지는 않았다. 그 말에 신경을 쓰면 왠지 신나게 놀 수 없을 것 같았기 때문이다.

연구소에는 연극을 해도 될 만큼 큰 방이 있었다. 바닥이 푹신해서 뛰다 넘어져도 다칠 염려가 없었다. 시찬이와 규훈이는 큰 방에서 마구 뛰어다녔다.

엄마들이 선생님들과 잠깐 이야기를 나눈 후, 연구소에서의 첫 수업이 시작되었다. 학생은 시찬이와 규훈이 둘뿐이었다.

"우리 바다에서 헤엄치는 물고기가 되었다고 상상해 봅시다."

시찬이는 상어가 되는 상상을 했다. 그러자 출렁이는 바다가 떠올랐다. 시찬이는 바닷속을 헤엄치며 문어가 된 규훈이를 만나 힘 대결을 벌였다.

'이렇게 하루 종일 놀았으면 좋겠다.'

상어 시찬이가 문어 규훈이를 주둥이로 콕콕 찌르다가 잡아먹으려고 하는 순간이었다.

"시찬이는 왜 상어가 되었어?"

해파리가 되어 손을 팔랑거리던 선생님이 다가와 물었다.

시찬이는 지느러미만 보고도 사람들이 무서워하는 상어가 좋았다. 상어가 되면 모두가 시찬이에게 꼼짝 못 할 테니까. 엄마나 수빈이의 똑소리 나는 공격도 다 이겨 낼 수 있을 것 같았다. 하지만 그런 생각을 그대로 말하는 건 시찬이에게 쉽지 않았다. 그리고 설명을 하는 시간이 길어지면 놀 시간이 줄어들기 때문에 얼른 짧게 대답했다.

"그냥요!"

"시찬이는 상어를 좋아하니?"

"네!"

연구소 선생님은 시찬이 맘을 알았는지 더는 묻지 않았다. 시찬이는 그런 부분이 참 좋았다.

선생님은 해파리처럼 몸을 들썩이며 이번엔 문어 규훈이에게 다가갔다.

"그럼 규훈이는 왜 문어가 되었니?"

"제가 문어 다리를 좋아하거든요."

시찬이와 규훈이는 서로를 보며 깔깔대고 웃었다. 선생님도 함께 웃었다. 문어 다리를 먹는 규훈이가 문어가 되었다니 정말 웃기는 상상이었다.

"선생님은 멸치를 좋아하는데 그럼 난 멸치가 되어 볼까?"

선생님이 물고기처럼 헤엄치듯 도망을 쳤다.

어느새 시찬이 이마에 땀이 송골송골 맺혔다.

"자, 그럼 잠시 쉬었다가 이번에는 상자를 이용해 자신이 살고 싶은 집을 만들어 보는 거예요. 그곳에 누구를 초대하고 싶은지 생각해 보세요."

시찬이는 상상만으로도 신이 났다.

'컴퓨터 방부터 만들어야지.'

시찬이는 외삼촌처럼 컴퓨터 방을 따로 갖고 싶었다. 어떤 게임을 해도 화면이 멈추지 않는 빠른 컴퓨터와 텔레비전처럼 큰 모니터가 있는 방이 있었으면 했다.

시찬이는 큰 종이 상자를 가져왔다. 상자 안에 제일 먼저 컴퓨터 방을 만들었다. 종이 상자의 반을 컴퓨터 방으로 만들고 그 위에 여러 개의 컴퓨터를 그려 넣었다. 레고로 만든 피규어를 장식할 방과 장난감으로 가득 채울 방도 만들었다. 피규어 방과 장난감 방은 연구소에서 빌려준 피규어와 장난감 자동차로 장식했다.

'언젠가는 진짜 이런 방을 가질 수 있을지도 몰라.'

시찬이는 상상이 진짜가 될지도 모른다는 기대를 하니 가슴이 벅찼다.

규훈이는 2층으로 된 음식점을 만들고 있었다. 박스를 빌딩처럼 세워 '후니킹'이라는 간판을 그려 넣었다.

집이 완성되자 선생님이 시찬이와 규훈이에게 질문을 던졌다.

"누가 먼저 집을 소개해 줄래요?"

규훈이가 먼저 나섰다.

"1층은 햄버거를 파는 집이고요, 2층은 돼지갈비를 파는 식당이에요."

"규훈이는 음식점을 만들고 싶었구나?"

"1층 햄버거 가게는 제가 사장님이고요, 2층은 아빠랑 엄마가 사장님이에요."

"규훈이는 햄버거 가게 사장님이 되고 싶구나?"

규훈이가 고개를 끄덕였다.

"그런데 이 음식점으로 들어가는 문은 어디야?"

그러고 보니 후니킹으로 들어가는 문을 찾을 수가 없었다. 규훈이가 머리를 긁적이더니, 칼로 쓱쓱 파고 크레파스로 문을 그려 넣었다.

"그럼 이제 시찬이 집을 볼까? 이 방은 진짜 크네?"

선생님이 컴퓨터 방을 가리켰다.

"컴퓨터 게임하는 방이에요. 친구들도 다 불러서 놀 거니까 크게 만들어야죠!"

"그럼 진짜 신나겠구나?"

시찬이는 피아노를 치는 것처럼 키보드 두드리는 시늉을 했다.

"그럼 다른 방도 소개해 줄래?"

시찬이는 레고 방과 장난감 방을 소개했다.

"지금은 레고도, 장난감도 별로 없지만 나중에는 가득 채울 거예요!"

"꼭 그렇게 되길 바랄게!"

선생님은 파이팅을 외쳤다.

"그런데 엄마 아빠 방은 없니?"

"어…… 그건…….'"

시찬이는 눈만 깜빡거렸다. 엄마 아빠 방은 시찬이 계획 속에 없었다. 시찬이는 그저 컴퓨터 게임을 편하게 할 수 있는 집을 만들었을 뿐이다.

'엄마랑 같이 살면 맘대로 게임하지 못할 게 분명해.'

엄마한테는 미안했지만 시찬이는 집을 고칠 마음이 조금도 들지 않았다.

겨울 방학이 시작되자 예술 놀이 연구소에서 겨울 방학 특강이 열렸다.

연구소에 일찍 도착한 시찬이와 규훈이는 제기를 차며 놀았다. 지난주 놀이 연구소에서 함께 제기를 만들었는데, 그때 시찬이는 몇 개 차지 못했다. 하지만 계속 연습했더니 지금은 규훈이보다 잘 차게 됐다.

한참 제기를 차고 있는데 준우가 나타났다.

"준우, 너도 소문 들었구나!"

시찬이는 준우까지 불러 제기를 차며 놀았다.

수업이 시작되기 직전, 또 한 번 깜짝 놀랄 일이 생겼다. 수빈이와 희경이가 연구소에 온 것이다.

시찬이는 어리둥절했다. 수빈이와 희경이도 당황했다. 수빈이가 뭔가 말하려는 순간 선생님이 그림 몇 장을 들고 다가왔다.

"오늘은 선생님이 보여 주는 그림을 보면서 놀아 볼까요?"

선생님은 제일 먼저 화병에 노란 꽃이 꽂힌 그림을 보여 주었다. 시찬이는 살짝 불안했다.

'결국 여기서도 공부를 시키려고 그러는 건가?'

시찬이는 수빈이와 희경이를 살폈다. 정답을 알고 있는 표정이었다.

"어디서 본 그림 같은데."

규훈이와 준우는 머리를 쥐어짜듯 감싸며 기억해 내려 애썼다. 그 모습을 본 수빈이가 손을 번쩍 들었다.

"고흐의 해바라기요. 교과서에서 봤어요."

옆에 있던 희경이가 수빈이를 향해 눈을 찡긋거렸다.

"딩동댕! 맞았어요. 이건 고흐라는 화가가 그린 해바라기라는 그림이에요."

시찬이는 화가 났다. 놀이 연구소가 갑자기 학교처럼 느껴졌기 때문이다.

'여기서도 교과서 퀴즈를 맞혀야 하다니.'

시찬이의 마음도 모르고 선생님은 다음 그림을 보여 줬다. 빨간 모자를 쓴, 이상하게 생긴 여자의 얼굴이 그려진 그림이었다.

이번에는 희경이가 손을 들었다.

"피카소의 그림이에요. 그런데…… 제목은 잘 모르겠어요."

희경이는 모른다는 말을 자신 있게 했다.

"혹시 제목을 아는 친구는 없나요?"

아무도 대답을 하지 못했다. 그러자 선생님이 미소를 지었다.

"그럼 우리 제목 맞히기 놀이 해 볼까요?"

놀이라는 말에 시찬이는 자신도 모르게 움찔하며 선생님을 쳐다봤다.

"이 그림을 보고 느껴지는 것을 자유롭게 말해 보세요!"

시찬이는 그림을 천천히 살펴보았다. 정답은 모르지만 보이는

대로 말할 수는 있었다.

"깨진 얼굴을 다시 붙인 것 같아요!"

시찬이가 떠오르는 대로 말하자 아이들이 키득거렸다. 하지만 선생님은 눈이 동그래졌다.

"맞아요! 이 그림은 얼굴을 조각낸 후 다시 조립하는 식으로 그렸다고 해요."

시찬이는 그저 본 대로 말했을 뿐인데, 선생님이 맞다고 해서 깜짝 놀랐다. 아이들도 마찬가지였다.

선생님이 또 질문을 했다.

"이 여자는 뭘 하고 있나요?"

시찬이는 선생님의 질문이 늘 귀찮았는데 오늘은 그렇지 않았다. 보이는 대로 말하는 건 어렵지 않았기 때문이다.

"저건 손수건? 손수건으로 눈물을 닦는 여자? 우는 여자?"

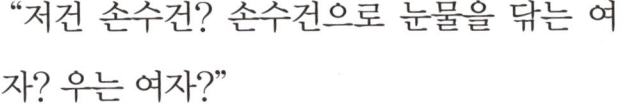

시찬이 말에 선생님이 고개를 끄덕였다.

"그렇게 보이죠? 그래서 작품의 제목도 '우는 여인'이에요."

시찬이가 답을 맞히자 규훈이와 준우가 대단하다는 듯 '와' 하며 박수를 쳤다.

'그냥 보이는 것을 말한 것뿐인데.'

시찬이는 어리둥절하면서도 기분이 좋았다.

선생님은 하늘에 붕 떠 있는 여자와 남자가 그려진 그림, 수많은 점으로 그린 그림, 빨래처럼 나뭇가지에 걸려 있는 시계 그림, 황금빛 망토를 입은 여자의 그림도 보여 주었다.

"그럼 오늘 본 그림으로 이야기를 만들어 써 보는 시간을 가져 볼까요?"

시찬이는 귀를 의심했다. 그동안 연구소에서 글을 쓴 적은 없었다. 아이들이랑 놀다가 선생님 질문에 대답하는 게 전부였는데 갑자기 글쓰기라니.

수빈이는 늘 메고 다니는 작은 가방에서 연필을 꺼냈다.

"작가 체험 특강인 거 몰랐어?"

그제야 시찬이는 수빈이와 희경이가 연구소에 온 이유를 알게 되었다.

시찬이는 글을 써야 한다는 말에 한숨부터 나왔다. 규훈이와 준우도 마찬가지였다. 하지만 1학년 때부터 논술 수업을 해 왔던 희경이와 수빈이는 글 쓰는 게 조금도 두렵지 않았다.

시찬이는 머릿속에 재미있는 이야기가 가득했지만 글로 옮기는 것이 어려웠다. 선생님도 시찬이가 힘들어하는 것을 알고 있었다.

"시찬아, 어렵게 생각하지 말고 우선 그림을 보고 떠오르는 이야기부터 만들어 볼래?"

시찬이는 우는 여인을 바라봤다.

'저 여자는 왜 울까?'

　시찬이는 갑자기 엄마가 떠올랐다. 우는 엄마의 모습을 상상하니 속상했다.
　규훈이와 준우도 투덜대긴 했지만 열심히 뭔가를 쓰고 있었다. 시찬이만 아무것도 쓰지 못했다.
　드디어 자기가 쓴 글을 발표하는 시간이 되었다.
　희경이는 하늘을 나는 사람의 그림을 보고 엄마와 아빠 이야기를 썼고, 수빈이는 해를 향해 꽃을 피우는 해바라기처럼 높은 곳을 향해 달려가고 싶은 화가의 이야기를 들려줬다.

"수빈이는 이해하기 쉽게 잘 썼어요."

수빈이는 역시 칭찬을 받았다.

다음은 시찬이 차례였다.

"시찬이는 글쓰기가 힘들었구나. 혹시 이야기는 만들었니?"

시찬이는 선생님이 자신을 이해해 주는 것 같아 마음이 편안해졌다.

"그럼요. 여기에 벌써 몇 개나 있어요!"

시찬이는 자신의 머리를 가리켰다.

"그럼 친구들에게 들려줄 수 있을까?"

선생님의 제안에 시찬이는 큰 소리로 이야기를 시작했다.

"그러니까 피자를 먹으며 우는 할머니가 있었어요."

시찬이가 우는 여인 그림을 다시 보니 손수건이 피자처럼 보였다. 그래서 피자 먹는 할머니 이야기를 만들었다.

"왜 할머니가 우냐면…… 어, 할머니 아들은 어렸을 때 공부를 못해 할머니가 매일 혼을 낸 거예요. 그런데…… 그 아들이 커서 돈을 벌어 피자집 사장이 됐어요."

"정말? 그래서?"

선생님이 듣고 싶어 하니까 시찬이도 신나서 말했다.

"음…… 그래서 아들은 할머니한테 매일 피자를 공짜로 줬어요. 어느 날 할머니가 피자를 먹는데 피자 속에 뭐가 들어 있는 거예요. 글쎄, 아들이 할머니가 먹는 피자에 다이아몬드 반지를 넣었던 거예요."

"어머, 세상에!"

선생님이 자신의 입을 틀어막았다.

"할머니는 아들이 준 다이아몬드 반지를 보고 울었어요. 그래서 피자를 먹으며 우는 할머니예요."

이야기를 마친 시찬이는 선생님과 아이들을 둘러보았다.

선생님은 흐뭇하게 웃었다.

"피자 속에 반지라고? 흥미진진한데?"

규훈이와 준우는 엄지를 치켜올렸다. 희경이는 시찬이가 만든 이야기가 나쁘지 않은 정도라고 했다. 하지만 수빈이는 그렇지 않았다. 시찬이가 만든 이야기는 재미있었다. 그동안은 시찬이를 무시했지만 오늘은 달랐다.

수빈이가 만든 이야기는 고흐의 이야기에 인물만 자신으로 바꿔 쓴 것이었다. 시찬이가 만든 이야기는 그동안 수빈이가 읽어 왔던 책 속 이야기처럼 훌륭하지는 않았다. 하지만 새로운 이야기라는 사실은 분명했다.

시찬이에게도 오늘은 어제와는 분명 다른 날이었다.

'이야기 만드는 거 은근히 재미있네. 근데 글쓰기는 정말 싫은데 어쩌지?'

인문철학 왕 되기

자유로운 생각이 즐거운 놀이가 될까?

동화 속 놀이 학원에 나도 다니고 싶어요. 이런 학원이 있다면 정말 좋겠어요!

시찬이처럼 놀기 좋아하는 친구에게는 좋은 곳일지 모르지만 열심히 공부하려는 친구에게는 어울리지 않는 학원 같은데.

그림을 보고 떠오르는 생각을 자유롭게 이야기하는 게 무척 재미있을 것 같아. 내가 마치 화가가 되어 그림을 그리는 것 같은 느낌일 거야.

학원 선생님이 마음껏 놀라고 하셨으니까 문제없어. 노는 게 좋은 활동이니까 선생님이 허락하셨겠지.

학원 선생님이 마음껏 놀라고 하신 건 다른 이유가 있지 않을까? 설마 학원인데 아무것도 배우지 않고 놀기만 할까?

학원 선생님과 친구들이 즐겁게 어울리며 이야기하는 걸 보면 무언가 배우고 있는 것 같기도 해. 선생님, 정말 이 학원은 공부하지 않고 놀기만 하는 학원일까요?

앞에서 놀이가 어떤 의미가 있고 왜 중요한지에 대해 배웠던 것을 기억하니? 그것을 기억하면서 너희들이 다니는 학원과 동화 속 놀이 학원을 비교해 보자꾸나.

소쌤의 철학특강

놀이하는 인간, 호모 루덴스

요한 하위징아는 1938년에 『호모 루덴스』라는 책에서 인간을 인간이게 만드는 것은 유희(놀이)라고 처음으로 주장했어.

요한 하위징아(1872~1945)

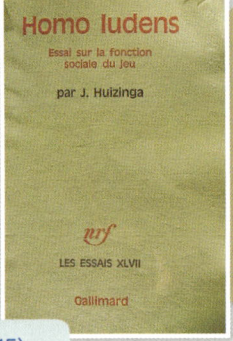

놀이를 통해서 인간의 문화가 만들어지고 인간은 놀이에서 한순간도 벗어날 수 없어요.

하위징아가 말하는 놀이는 단순히 논다는 말이 아니라 정신적인 창조 활동을 말하는 것이기도 해. 풍부한 상상의 세계에서 다양한 창조 활동을 하는 음악, 미술, 무용, 연극, 스포츠, 문학 등이 여기에 포함되는 것이지. 호모 루덴스 이론은 하위징아 이후 로제 카유아로 이어졌고, 놀이가 곧 학습이라는 이론이 등장했어.

로제 카유아(1913~1978) 『놀이와 인간』을 쓴 프랑스의 사회학자.

여러분은 어떤 학원에 다니고 있니? 혹시 다니는 학원이 없다면 유치원이나 학교를 떠올려도 좋아. 놀이가 우리에게 왜 중요한지 배웠던 내용을 잘 기억하면서 다음 빈칸을 채워 보렴.

시찬이와 친구들은 놀이 학원에 다녀요.
학원에서 시찬이와 친구들은

_____ 활동을 합니다.

나는 놀이 학원이 놀기만 하는 곳이 아니라
놀면서 무언가를 배우고 익히는 곳이라 생각해요.
왜냐하면

_____ 때문입니다.

잘 노는 게 공부라고?

설날이 되자 시찬이는 외할머니 댁으로 향했다. 시찬이가 어릴 때는 외할머니 댁에 자주 갔었다. 하지만 초등학교에 입학한 다음부터는 그럴 수가 없었다.

"아이고, 우리 시찬이 왔어? 다은이도 많이 컸네."

할머니가 시찬이와 다은이를 꼭 안아 주었다.

아빠가 차에서 짐을 내릴 때쯤 외삼촌이 집에서 나왔다. 외삼촌은 방금 일어났는지 머리도 안 빗고 세수도 안 한 상태였다.

'외삼촌은 밤새도록 게임 했나?'

시찬이는 외삼촌이 영웅처럼 보였다.

외삼촌이 아빠에게 고개 숙여 인사를 하자 아빠는 외삼촌에게 악수를 청했다.

"처남은 점점 신수(용모와 풍채를 통틀어 이르는 말.)가 좋아지네."

"살이 많이 쪘죠? 안 그래도 회사 그만두고 몸무게가 3킬로그램이나 늘었어요."

외삼촌이 머리를 긁적였다.

"어머, 얘! 너 그러면 안 돼. 운동 좀 해."

엄마가 외삼촌의 옆구리를 꼬집으며 잔소리를 했다.

인상을 찌푸리는 시찬이에게 외삼촌이 윙크를 했다.

"이따가 외삼촌 방으로 와. 게임이나 한판 하자."

"지금 하면 안 될까?"

시찬이는 얼른 외삼촌 팔을 붙잡았다.

"할머니한테 세배 먼저 드려야지. 그리고 게임 한 시간은 오늘도 유효한 거야."

엄마가 단호하게 말했다.

"하루에 게임 한 시간? 그건 너무 야박한데, 누나?"

"내 맘을 알아주는 사람은 역시 외삼촌뿐이야."

시찬이가 외삼촌 뒤에 숨어서 엄마에게 혀를 내밀었다.

"나랑 게임할 때는 좀 봐줘, 누나."

"으이구! 알았어. 어서 들어가기나 하자."

시찬이와 외삼촌은 파이팅을 외치며 방 안으로 들어갔다.

엄마랑 아빠, 그리고 외삼촌이 할머니께 세배를 드리자, 그다음에 시찬이와 다은이가 세배를 했다.

"우리 시찬이랑 다은이, 새해에는 엄마 아빠 말씀 잘 듣고, 건강하게 자라라."

시찬이와 다은이는 인사를 하며 할머니가 주는 세뱃돈을 받았다.

시찬이는 얼른 외삼촌이랑 게임을 하고 싶었다. 하지만 외삼촌은 엄마가 가져온 음식을 꺼내느라 아직 부엌에 있었다.

엄마는 냉장고에 음식을 넣으면서 외삼촌에게 계속 말을 늘어놓았다. 재료를 보관하는 법과 요리를 하는 방법에 대한 얘기였다.

'엄마는 외삼촌에게 무슨 할 말이 저렇게 많은 거지?'

불만 가득한 시찬이는 소파에 누워 외삼촌을 기다렸다. 그러다가 자기도 모르게 스르르 잠이 들었다.

엄마가 깨우는 소리에 일어나 보니 거실이 북적북적했다. 엄마 사촌들이 할머니에게 새해 인사를 하러 온 것이다. 친척들이 잔뜩 모이자, 아이들도 많아졌다. 다은이보다 어린 유치원생들도 있었다. 동생을 거느리게 된 다은이는 신이 났다.

"내가 공기놀이 가르쳐 줄까?"

마치 선생님처럼 하나둘, 하나둘 하며 아이들을 데리고 안방으로 들어갔다.

어른들은 윷놀이를 한다며 마당으로 모였다. 엄마와 아빠도 즐거워 보였다. 엄마와 숙모는 과일과 떡을 준비하고, 외삼촌이 담요와 윷을 가져왔다. 아빠는 말판을 만든다며 외삼촌에게 달력 한 장을 찢어 오라고 했다.

아빠가 연습으로 던진 윷 네 조각이 모두 엎어졌다.

"어머, 여보! 모야!"

엄마가 아빠 등을 때리며 소리를 질렀다.

'저게 뭐라고 저렇게 좋아해? 애들처럼. 꼭 바보 같아.'

시찬이가 비웃을 때 외삼촌이 손짓을 했다. 방으로 들어오라는 신호였다. 시찬이는 도둑고양이처럼 살금살금 외삼촌 방으로 들어갔다.

외삼촌은 최신식 컴퓨터를 가지고 있었다. 텔레비전처럼 큰 모니터도 세 개나 있었다. 새로 산 스피커도 고급스러워 보였다. 그리고 전에 왔을 때보다 책도 많아진 것 같았다.

외삼촌이 컴퓨터를 켰다.

"시찬이 넌 요즘 무슨 게임 해?"

시찬이는 외삼촌에게 '원더 드라이빙' 게임을 알려 줬다. 그리고 게임 머니로 산 스포츠카도 자랑했다.

"와, 멋진데? 이거 사려면 보통 운전 실력으로는 절대 안 될 것 같은데."

"역시 우리 외삼촌은 뭘 안다니까. 그런데 엄마는 나한테 칭찬 같은 건 안 해."

"그럴 리가. 네가 게임에 너무 빠질까 봐 그런 거지."

"치! 아무튼 외삼촌이 부러워."

외삼촌은 눈을 껌뻑이며 시찬이를 쳐다봤다.

"내가 왜? 하루 종일 놀아서?"

"외삼촌은 컴퓨터 게임을 맘대로 해도 할머니가 뭐라고 하지 않잖아? 계속 집에서 놀 수도 있고."

외삼촌이 생각하는 사람처럼 손을 턱에 갖다 댔다.

"난 정말 공부가 싫어. 외삼촌도 학교 다닐 때 그랬지?"

외삼촌은 잠깐 머뭇거렸다.

"사실…… 외삼촌은 공부하는 게…… 재미있었어."

시찬이의 머릿속이 하얘졌다. 시찬이는 외삼촌이 공부를 잘했다는 건 알고 있었지만 공부를 재밌어하는 줄은 몰랐다.

그때 마당에서 환호성이 들렸다. 엄마였다.

"누나가 이겼나 보네."

"어른들은 저렇게 신나게 놀면서 우리한테는 매일 공부나 하라고 하고."

시찬이는 예술 놀이 연구소에서 있었던 일을 외삼촌에게 하나하나 들려줬다.

"그렇지만 외삼촌, 아무리 생각해도 글 쓰는 건 싫어."

외삼촌은 시찬이 머리를 가만히 쓰다듬었다.

"외삼촌도 시찬이가 억지로 하는 건 반대야. 그러면 금방 지치거든."

"역시. 외삼촌은 내 편이라니까."

외삼촌이 갑자기 컴퓨터 화면을 열더니 '뉴월드'라는 폴더를 클릭했다.

"이건 아직 비밀인데…… 너한테만 알려 주는 거야."

외삼촌이 클릭해서 연 폴더에는 셀 수 없이 많은 파일이 들어 있었다.

"메타버스라고 들어 봤어?"

"처음 들어 보는 게임인데?"

외삼촌은 시찬이에게 어디서부터 설명해야 할지 고민했다.

"메타버스는 쉽게 말하면 아바타가 우리 대신 모든 일을 해 주는 걸 말해. 곧 메타버스 시대가 올 거야."

영화에서만 보던 세상이 곧 온다니 시찬이는 신기했다.

"근데 그게 뭐?"

"사실 난 내가 즐겁게 할 수 있는 일을 찾기 위해 회사를 그만둔 거야."

"일을 즐겁게 한다고?"

시찬이는 이해할 수가 없었다.

"그럼 계속 놀 수는 없는 거야?"

시찬이는 실망스러웠다. 마치 인생의 희망이 사라진 것 같았다.

"일하면서 놀면 되잖아."

"어떻게? 정말 그렇다고?"

외삼촌은 고개를 끄덕였다. 외삼촌의 얼굴은 확신에 차 보였다.

"그게 뭔데?"

"메타버스에서도 실제처럼 학교에 가고 직장도 다녀. 시찬이처럼 게임하는 사람도 있겠지. 외삼촌은 메타버스 세상에서 아바타들이 할 수 있는 게임을 만들고 있어."

"정말? 그럼 나도 게임을 열심히 하면 외삼촌처럼 게임을 만들 수 있는 거야?"

외삼촌은 난감했다.

"게임을 만들기 위해서 게임을 해 보는 것도 중요하긴 해. 하지만 공부해야 할 것도 많아."

시찬이는 한숨이 나왔다.

'외삼촌은 나처럼 놀기만 한 게 아니었구나. 그러고 보니 외삼촌 방에 꽂힌 책이 도서관처럼 많네.'

외삼촌은 풀이 죽은 시찬이의 어깨를 어루만졌다.

"물론 노는 것도 제대로 놀면 공부가 될 수 있어."

"그게 무슨 말이야? 어떻게 노는 게 공부가 돼?"

"예술 놀이 연구소가 처음에는 재미있었다고 했지?"

"응. 처음에는."

"연구소 이름처럼 놀기만 하는 줄 알았지?"

외삼촌은 시찬이의 마음을 훤히 들여다보는 것 같았다.

"그래도 잘 놀았지? 놀면서 네 생각을 말하는 것도 재미있었고. 안 그래?"

"응. 그런데 갑자기 글쓰기를 하라고 하잖아."

"그래도 분명 배운 게 있을 텐데?"

외삼촌이 놀이 연구소 선생님처럼 계속 질문을 했다. 시찬이는 생각했다. 그러고 보니 이제는 누군가 질문을 하면 머릿속으로 생각하는 버릇이 생겼다는 걸 깨달았다.

'전에는 생각하는 게 귀찮았는데……. 이젠 생각을 하고 그걸 말하는 게 어렵지 않네. 그리고 또…… 맘대로 상상하는 것도 재미있었어. 글쓰기는 싫지만 이야기 만드는 건 이젠 자신 있어! 그러고 보니 놀이 연구소에서 배운 게 진짜 많은데?'

연구소에서 놀았던 순간을 떠올리던 시찬이의 입가에 미소가 번졌다.

"시찬아, 어서 나와!"

엄마가 부르는 소리에 외삼촌과 함께 거실에 나가니 손님들은 가고 없었다.

"윷놀이는?"

"그거 끝난 게 언젠데? 외삼촌이랑 뭔 얘기를 그렇게 했어?"

엄마가 외삼촌과 시찬이를 번갈아 보았다.

"비밀이야!"

시찬이가 외삼촌을 보며 손가락을 입에 갖다 댔다.

"자자, 오늘의 마지막 게임은 제기차기!"

아빠가 주머니에서 제기를 꺼냈다. 시찬이가 놀이 연구소에서 만든 제기였다.

 "아빠, 그걸 어떻게……."

 "네가 제기를 잘 찬다고 엄마가 얼마나 칭찬을 하던지. 명절이니까 대결이나 해 볼까 해서 가져왔지."

 시찬이는 엄마가 자신을 칭찬했다는 게 믿기지 않았다.

"몇 번 연습하더니 금방 잘 차더라고."

엄마는 외삼촌을 보며 자랑하듯 말했다.

"세 팀으로 나눠서 내기 어때? 저녁 내기!"

엄마가 제안을 하자 모두 좋다고 했다.

"난 엄마랑 한 팀 할 거야."

시찬이가 얼른 엄마 뒤에 섰다. 그러자 다은이가 아빠 손을 잡았다.

"난 아빠랑 할 거야."

"나도 당연히 우리 엄마."

외삼촌이 소파에 앉은 할머니의 어깨를 감싸 안았다.

"제기차기는 내가 최고야!"

시찬이는 자신이 있었다. 놀이 연구소에서 수없이 연습했던 자세가 있었기 때문이다.

'그렇다면 글쓰기도 자꾸 연습하면 잘할 수 있지 않을까?'

시찬이는 공중으로 던진 제기가 내려오는 것을 차분하게 기다렸다. 그리고 자신 있게 오른발을 들어 공중으로 제기를 차올렸다. 제기는 시찬이 키를 훌쩍 넘어 튀어올랐다.

만일 나라면?

외삼촌은 즐거운 일을 스스로 찾았기 때문에 그 일을 더 재미있게 잘하려고 공부도 하고 노력도 하시는 것 같아.

이제 노는 것이 우리에게 왜 중요한지 이해했지? 하지만 잘 노는 법을 알아야 한단다.

그럼 시찬이가 재미있게 놀았던 놀이 학원도 놀면서 무엇인가를 배우고 익히는 장소였을까?

시찬이는 놀면서 생각하고, 말하는 것을 배운 거야. 그리고 힘들어하던 글쓰기도 이제 할 수 있을 것 같은데?

 여러분이 가장 좋아하는 놀이는 무엇인지 적어 보고, 그 놀이가 왜 즐겁고 신나는 것인지 설명해 보세요.

내가 제일 좋아하는 놀이는

_____ 입니다.

나는 놀이를 하면서

_____ 을(를) 배우고 익혀요.

 놀이를 할 때 지켜야 할 자기와의 약속이 무엇인지도 알려 주세요.

이 놀이를 할 때 지켜야 할 나와의 약속은

_____ 입니다.

왜냐하면 _____ **때문입니다.**

전통 놀이 알아보기

다음에 소개되는 전통놀이 이름과 놀이 방법을 알맞게 설명한 것을 연결해 보세요.

☆ ☆ ① 편을 나누어 허리를 잡고 길게 늘어선 상대편의 꼬리를 어느 편이 먼저 잡는가를 겨룬다.

☆ ☆ ② 마당에 놀이판을 그려 놓고 돌을 던진 후 그림의 첫 칸부터 마지막 칸까지 다녀온다.

☆ ☆ ③ 다섯 개 또는 그 이상의 조그맣고 동그란 돌을 이용한다.

☆ ☆ ④ 정월에 하는 놀이로 편을 갈라 네 쪽의 나무 조각을 던져 승부를 겨룬다.

정답 윷놀이-4번 / 공기놀이-3번 / 사방치기-2번 / 꼬리잡기-1번

주사위 놀이

머리를 쓰는 재미있는 놀이는 두뇌 개발에도 도움을 주고, 창의력도 향상시켜 줍니다.
다음의 빈칸에 각각의 미션을 적어 놓고 주사위를 굴려 게임을 진행해 보아요.

재미있는 미션들을 칸에 적어 보자!

✅ 뭉치북스가 만든 국내 최초 토론책! ✅ 초등 국어
✅ 한국디베이트협회와 교

01	함께 사는 로봇	12	과학 Cook! 문화 Cook! 음식의 세계	23	생태계의 파괴자? 외래 동식물	33	얼마나 작아질까? 어디까지 발달할까? 나노 기술과 첨단 세계
02	원시인도 모르는 공룡	13	과학을 훔친 수상한 영화관	24	꽐꽐꽐~ STOP!!! 우리나라도 위험해요, 소중한 물		
03	더 멀리 더 높이 더 빨리 스포츠 과학	14	끝없이 진화하는 무서운 전염병	25	오늘도 나쁨! 작아서 더 무서운 미세먼지	34	찾아라! 생명체가 살 수 있는 또 다른 별, 제2의 지구
04	까만 우주 속 작은 별	15	지구 온난화와 탄소배출권	26	식량 위기에서 인류를 구할 미래 식량		
05	노벨도 깜짝 놀란 노벨상	16	먹을까? 말까? 먹거리 X파일	27	썩지 않는 플라스틱! 지구와 인간을 병들게 하는 환경 호르몬	35	배울수록 더 강해지는 인공 지능
06	지켜라! 멸종 위기의 동식물	17	우리 몸을 흐르는 피와 혈액형			36	창조론이냐? 진화론이냐? 다윈이 들려주는 진짜진짜 진화론
07	도로시의 과학 수사대	18	진짜? 가짜? 가상현실과 증강현실	28	나와 똑같은 또 다른 나, 인간 복제		
08	살아 있는 백두산	19	두근두근 신비한 우리 몸속 탐험	29	미래의 디지털 첨단 의료	37	모두모두 소중한 생명! 멈춰요 동물 실험
09	콜록콜록! 오늘의 황사 뉴스	20	우리를 위협하는 자연재해	30	땅속 보물을 찾아라! 지하자원과 희토류	38	유해할까? 유용할까? 생활 속 화학 물질
10	앗! 이런 발명가, 와! 저런 발명품	21	봄? 가을? 경계가 모호해지는 사계절	31	농사일부터 우주 탐사까지, 미래는 드론 시대	39	46억 년의 비밀, 생명을 살리는 지구
11	아낌수록 밝아지는 에너지	22	세균과 바이러스 꼼짝 마! 약과 백신	32	알쏭달쏭 미지의 세계, 뇌	40	과학자가 가져야 할 덕목, 과학자 윤리와 책임

이 공부다!
인재를 위한 과서

과학토론왕
과학토론왕 40권 + 독후활동지 40권
전 80종 / 정가 580,000원

사회토론왕
사회토론왕 40권 + 독후활동지 40권
전 80종 / 정가 580,000원

- 한우리 추천도서
- 경향신문 추천도서
- 경기도 초등토론 교육연구회 추천
- 경기도 지부 독서 골든벨 선정도서
- 환경정의 어린이 환경책 권장도서
- 한국 아동문학인협회 우수도서
- 학교도서관 사서협의회 추천도서

서 선정 도서! ✓ 활용 만점 독후 활동지 각 권 제공!
문가들이 강력 추천한 책!

01	우리 땅 독도
02	생활 속 24절기
03	세계를 담은 한글
04	정정당당 선거
05	우리의 유네스코 세계 유산
06	좋아? 나빠? 인터넷과 스마트폰
07	함께라서 좋아! 우리는 가족
08	한민족, 두 나라 여기는 한반도
09	너도 나도 똑같이 생명 존중
10	돈 나와라 뚝딱! 경제 이야기
11	시끌시끌 지구촌 민족 이야기
12	앗! 조심해! 나를 지키는 안전 교과서
13	바람 잘 날 없는 지구촌 국제 분쟁
14	믿음과 분쟁의 역사 세계의 종교
15	인공 지능으로 알아보는 미래 유망 직업
16	지역 이기주의 님비 현상
17	더불어 사는 다문화 사회
18	함께 사는 세상 소중한 인권
19	세계를 사로잡은 문화 콘텐츠 한류
20	변치 않는 친구 반려동물
21	왕따는 안 돼! 우리는 소중한 친구
22	여자? 남자? 같은 것과 다른 것! 성과 양성평등
23	모두가 행복한 착한 초콜릿, 아름다운 공정 무역
24	우리는 이웃사촌! 함께 사는 사회
25	틀린 게 아니라 다른 거라고? 글로벌 에티켓
26	신통방통 지혜가 담긴 우리의 세시 풍속과 전통 놀이
27	출발, 시간 여행! 유네스코 세계 문화유산
28	아이는 줄고 노인은 늘고 달라지는 인구
29	우리는 하나! 세계로! 미래로! 통일 한국
30	레벨업? 셋다운? 슬기로운 게임 생활, 벗어나요 게임 중독
31	살아 있어 행복해! 곁에 있어 고마워! 소중한 생명
32	나도 크리에이터! 시끌벅적 1인 미디어 세상
33	뚜아뚜야별의 법을 부활시켜라! 생활 속 법 이야기
34	하늘·땅·바다 어디서나 조심조심, 어린이를 위한 교통안전
35	함께 만들어요! 함께 누려요! 모두의 사회 복지
36	위아더월드, 도움의 손길이 필요해요, 세계 빈곤 아동
37	환경 덕후 오촌사가 간다, 지켜라! 지구 환경
38	전쟁 NO! 평화 YES! 세계를 이끄는 힘, 국제기구
39	더 멀리, 더 빠르게! 미래 교통과 통신
40	알아서 척척, 똑똑한 미래 도시, 꿈의 스마트 시티

경기도 사서협의회 추천도서 · 한국교육문화원 추천도서 · 아침독서 추천도서

100만 부 판매 돌파!

수학이 쉬워지고, 명작보다 재미있는

뭉치수학왕

정부 기관 선정 우수 도서상을 많이 수상한 믿을 수 있는 시리즈!

뭉치 수학왕 시리즈는 미래의 인재로 키워 줌

 +

"인공지능(AI) 시대의 힘은 수학에서 나온다!"

개념 수학

〈수와 연산〉
1 양치기 소년은 연산을 못한다
2 견우와 직녀가 분수 때문에 싸웠대
3 가우스, 동화 나라의 사라진 0을 찾아라
4 가우스는 소수 대결로 마녀들을 물리쳤어
5 앨런, 분수와 소수로 악당 히들러를 쫓아내라
6 약수와 배수로 유령 선장을 이긴 15소년

〈도형〉
7 헨젤과 그레텔은 도형이 너무 어려워
8 오일러와 피노키오는 도형 춤 대회 1등을 했어
9 오일러, 오즈의 입체도형 마법사를 찾아라
10 유클리드, 플라톤의 진리를 찾아 도형 왕국을 구하라
11 입체도형으로 수학왕이 된 앨리스

〈측정〉
12 쉿! 신데렐라는 시계를 못 본다

13 알쏭달쏭 알라딘은 단위가 헷갈려
14 아르키는 어림하기로 걸리버 아저씨를 구했어
15 원주율로 떠나는 오디세우스의 수학 모험

〈규칙성〉
16 떡집수 할머니와 호랑이는 구구단을 몰라
17 페르마, 수리수리 규칙을 찾아라
18 피보나치, 수를 배열해 비밀의 방을 탈출하라
19 비례배분으로 보물섬을 발견한 해적 실버

〈자료와 가능성〉
20 아기 염소는 경우의 수로 늑대를 이겼어
21 파스칼은 통계 정리로 나쁜 왕을 혼내 줬어
22 로미오와 줄리엣이 첫눈에 반할 확률은?

〈문장제〉
23 개념 수학-백점 맞는 수학 문장제①
24 개념 수학-백점 맞는 수학 문장제②
25 개념 수학-백점 맞는 수학 문장제③

융합 수학
26 쌍둥이 건물 속 대칭축을 찾아라(건축)
27 열차와 배에서 배수와 약수를 찾아라(교통)
28 스포츠 속 황금 각도를 찾아라(스포츠)
29 옷과 음식에도 단위의 비밀이 있다고?(음식과 패션)
30 꽃잎의 개수에 담긴 수열의 비밀은(자연)

창의 사고 수학
31 퍼즐탐정 쎌렁홈즈①-외계인 스콜피오스의 음모
32 퍼즐탐정 쎌렁홈즈②-315일간의 우주여행
33 퍼즐탐정 쎌렁홈즈③-뒤죽박죽 백설 공주 구출 작전
34 퍼즐탐정 쎌렁홈즈④-'지지리 마란드러' 방학 숙제 대작전
35 퍼즐탐정 쎌렁홈즈⑤-수학자 '더하길 모테'와 한판 승부

36 퍼즐탐정 쎌렁홈즈⑥-설국언차 기관사 '어려도 달리능기라'
37 퍼즐탐정 쎌렁홈즈⑦-해설 및 정답

수학 개념 사전
38 수학 개념 사전①-수와 연산
39 수학 개념 사전②-도형
40 수학 개념 사전③-측정·규칙성·자료와 가능성

독후 활동지

본책 40권+독후 활동지 7권
정가 580,000원